Andrea Schuster

Witzige Häkeltiere

Andrea Schuster

Witzige Häkeltiere

einfach selbermachen

AUGUSTUS

Inhalt

Vorwort 5
Material 6
Arbeitstechniken 7

Ammonit 9
Kaulquappe 10
Marienkäfer 12
Ratte 14
Apollofalter 16
Zitronenfalter 19
Fisch 20
Seestern 23
Seeigel 25
Seepferdchen 26
Laubfrosch 28
Farbfrosch 30
Schnecke 32
Raupe 34
Ferkel 36
Schildkröte 38
Igel 40
Kraken 42
Korallenschlangen 44
Der Elefant 46
Die Maus 48
Pferd 51
Giraffe 54

Vorwort

Willkommen im Reich der Häkeltiere! Hier gibt es die verschiedensten Geschöpfe zu entdecken.

Die Reihenfolge, in der sie hier im Buch beschrieben sind, richtet sich in etwa nach Schwierigkeitsgrad und Zeitaufwand, das heißt, die Tiere am Anfang sind am einfachsten. Da alle Tiere nur aus festen Maschen bestehen, können sie auch von Häkelanfängern problemlos nachgearbeitet werden. Natürlich können die vorgestellten Tiere in Farbe und Muster abgeändert werden. Auf diese Weise entstehen ganz persönliche Einzelstücke, z.B. Ihr Lieblingspferd im Kleinformat. Auch bei Tieren wie den Schmetterlingen oder dem Fisch brauchen Sie einfach nur den Farbverlauf im Zählmuster zu ändern, schon erhalten Sie Ihre ganz individuellen Tiermodelle.
Wenn Sie kleineren Kindern eine Freude bereiten möchten, schenken Sie Ihnen robuste Spielgefährten wie das Ferkel oder die Schlange. Tiere mit Drahtverstärkung (z.B. der Frosch oder das Pferd) sind weniger zum Kuscheln geeignet.

In diesem Sinne wünsche ich viel Spaß und Erfolg beim Häkeln.

Ihre
Andrea Schuster

Material

Folgende Materialien erhalten Sie im Bastelbedarf:

- Draht: Bevorzugt Blumensteckdraht, 1,4 mm dick und 14,5 cm lang.
- Holzperlen: In verschiedenen Größen, natur und bunt.
- Ilexbeeren: 4 mm Ø, elfenbeinfarben.
- Lederriemen: In Schwarz.
- Miniperlen: In Schwarz (ersatzweise: schwarze Stecknadelköpfe).
- Mobileschnur: Dicker, farbloser Faden.
- Mobilestangen: Als Drahtbügel oder Holzstäbchen.
- Moosgummi: In Weiß und Schwarz.
- Pompons: In verschiedenen Größen, schwarz und bunt.
- Styroporkugeln und -eier: In verschiedenen Größen, teilweise hohl.
- Tieraugen: Aus Glas und Plastik, in verschiedenen Farben und Größen.
- Watte: Bevorzugt braune Bastelwatte, da diese weniger hervorsticht.
- Filz: In verschiedenen Farben.

Aus dem Handarbeitsbedarf brauchen Sie:

- Häkelnadeln: In den Stärken 3 und 3,5.
- Stickgarn: In Rosa (ersatzweise: dünne Wolle).
- Sticknadeln: In verschiedenen Stärken.
- Nähseide und Nähnadeln.
- Strickliesel: Standardausführung mit 4 Nadeln.
- Wolle: Mengenangaben sind jeweils auf 50 g aufgerundet, häufig reicht auch ein Wollrest, passend zur angegebenen Häkelnadelstärke.

Im Schreibwarenladen bekommen Sie:

- Filzstift: In Schwarz, bevorzugt Folienstift mit feiner Spitze.
- Markierungspunkte: In verschiedenen Größen, weiß und bunt.

Das werden Sie wahrscheinlich zu Hause haben:

- Pappe, Sekt- und Weinkorken, Zahnstocher, Sicherheitsnadeln, Stecknadeln, Alleskleber, Schere, Zirkel, Maßband, Zange, Messer.

Arbeitstechniken

Grundmaschen
Damit alle Tiere von Häkelanfängern oder auch Kindern einfach nachgearbeitet werden können, habe ich ausschließlich feste Maschen verwendet. Sie häkeln entweder in Runden (siehe unter »Spiralform«) oder in hin- und hergehenden Reihen, wobei Sie jeweils die erste Masche beim Wenden durch eine Luftmasche ersetzen.

Spiralform
Für den Anfang eines runden Häkelteils drei Luftmaschen anschlagen und mit einer Kettmasche zum Ring schließen. In diesen Ring sechs feste Maschen häkeln, dabei nicht in die Luftmaschen einstechen, sondern mit dem Faden umrunden. In der nächsten (= zweiten) Runde Maschenzahl verdoppeln. Danach Runde für Runde gleichmäßig zunehmen, wie bei dem jeweiligen Modell angegeben.
Das Besondere an einem spiralförmigen Kreis besteht darin, dass die einzelnen Runden nicht mit Kettmaschen abgeschlossen werden. Auf diese Weise verhindert man sichtbare Übergänge. Daher den Rundenanfang am besten mit einem andersfarbigen Faden markieren. Ferner empfiehlt es sich, eine Strichliste über die Anzahl der bereits gehäkelten Runden zu führen.

Zählmuster
Manche Tiere werden nach Zählmuster gehäkelt. Dabei steht jedes Kästchen für eine Masche. Zu- und Abnahmen werden immer an den Rändern gehäkelt. Als Orientierungshilfe ist der Anfangsfaden links unten eingezeichnet. Das Muster beginnt stets mit der ersten Reihe fester Maschen. Die Luftmaschen des Anschlags und zum Wenden sind nicht eingezeichnet. Bei Seepferdchen, Pferd und Giraffe gibt es folgende Besonderheiten: Am Kopf erfolgt die Zunahme durch eine Kette von Luftmaschen. Die Stufen am Rücken entstehen, indem Reihen unterbrochen werden. An diesen Stellen den Faden abschneiden und neu ansetzen.

Abnehmen
Die Maschenzahl wird verringert durch Auslassen von Maschen der vorherigen Reihe oder Runde, d. h. man überspringt eine Masche und sticht erst wieder in die nächste.

Zunehmen
Eine Zunahme der Maschenzahl erfolgt durch Verdoppeln von Maschen der vorherigen Reihe oder Runde, d. h. man sticht zweimal in dieselbe Masche.

Farbwechsel
Bei gemusterten Teilen wird an den Übergängen der Farben immer mit der nächsten Farbe abgekettet, d. h. man verwendet für die letzte Schlinge der alten Masche bereits die Farbe der neuen. Wenn Sie den Faden in der alten Farbe später noch benötigen, schneiden Sie ihn nicht ab, sondern führen Sie ihn hinter den Maschen in der neuen Farbe mit.

Anhäkeln
Bei dieser Technik werden neue Maschen auf oder an ein bereits abgeschlossenes Teil gearbeitet. Für Augenhöhlen oder -lider häkelt man im

rechten Winkel zu den alten Maschen. Bei See-pferdchen, Ammonit und dem Schweinerüssel werden dagegen die Maschen vom Anfang wie-der aufgenommen, d. h. man sticht durch die zweite Hälfte der Luftmaschen.

Zusammennähen

Für das Zusammennähen der einzelnen Körper-teile verwenden Sie am besten die Anfangs- und Endfäden. Bei stehenden Tieren ist es ratsam, die Beine vor dem Festnähen mit Sicherheitsnadeln zu befestigen. Die Arme von Kraken und See-stern lassen sich leichter nähen, wenn sie vorher geheftet werden.

Styroporteile

Einige Tiere haben einen festen Kern aus Styro-porteilen. Die entsprechenden Kugeln oder Eier werden meistens nur zur Hälfte gebraucht und müssen daher durchgeschnitten werden. Auf jeden Fall sollte man vorher die Schnittlinie auf-zeichnen. Ein Messer mit feinem Wellenschliff trennt das Styropor leicht und ohne Quietschen durch. Unbedingt auf einer festen Unterlage schneiden und die Krümel mit einem feuchten Tuch auffangen.

Ausstopfen

Füllwatte eignet sich besonders, weil man damit am besten die Feinheiten der Körper formen kann. Große Körperteile sollten Sie soweit wie möglich schon vor dem Zusammennähen aus-stopfen. Ein Bleistift leistet gute Dienste beim Füllen durch schmale Öffnungen.

Knüpfen

Zum Anknüpfen von Fäden reicht eine normale Häkelnadel Nr. 3,5. Mit der Nadel durch eine Masche des Tierkörpers stechen und einen ca. 5 bis 7 cm langen Faden doppelt legen. Nun den Faden in der Mitte fassen und ein Stück weit durchziehen. Die Nadel in der entstandenen Schlaufe nach vorne führen, die beiden losen

Enden fassen und fest durch die Schlinge durch-ziehen. Für das Stachelkleid von Igel und Seeigel in Reihen bzw. Runden arbeiten und von hinten bzw. unten beginnen. Dabei die Nadel stets in Richtung Rücken bzw. Unterseite durchstechen. Die Mähnen von Pferd und Giraffe werden dage-gen seitlich auf die Halsnaht geknüpft.

Strickliesel

Für die Herstellung der Strickschläuche empfiehlt sich eine Häkelnadel Nr. 3 statt der mitgeliefer-ten Stricknadel aus Holz. Den Anfang des Fadens mit der Nadel durch die Röhre nach unten durch-ziehen. Dann am oberen Ende jede der vier Nadeln einmal im Uhrzeigersinn umwickeln. Ab der zweiten Runde den Faden außen entlang führen und die Maschen auf den Strickliesel-Nadeln mit der Häkelnadel darüber heben. Den Schlauch am Anfangsfaden nach unten ziehen. Wenn die gewünschte Länge erreicht ist, die vier Maschen auf die Häkelnadel heben und mit dem abgeschnittenen Faden auffangen.

Draht

Blumensteckdraht eignet sich hervorragend zum Stabilisieren von Körperteilen, da er bequem ein-gearbeitet und mit der Hand gebogen werden kann. Das angespitzte Ende immer in Richtung Körper stechen und darin versenken. Generell sollten keine Drahtenden hervorstehen. Bei Strickschläuchen den Draht durch den Kanal in der Mitte stechen und das Ende festkleben.

Ammonit

Durchmesser: 12 cm

Material

- 50g Wolle, braun oder dunkelgrau
- Häkelnadel Nr. 3 – 3,5
- Füllwatte

Arbeitsanleitung

Der Ammonit besteht aus einem in Reihen gehäkelten Keil, der zusammengeklappt, gefüllt und dann aufgerollt wird.

Gehäuse
21 Luftmaschen anschlagen und 20 feste Maschen arbeiten. In jeder 10. Reihe 2 Maschen abnehmen. Den fertigen Keil vom Ende her doppelt legen und zusammennähen, dabei mit Watte ausstopfen.

Abschlussdeckel
Die 20 festen Maschen vom Anfang wieder aufnehmen und spiralförmig weiterhäkeln. Jede 2. Masche überspringen, bis alle Maschen aufgebraucht sind.

Fertigstellung
Vom Ende her flach im Uhrzeigersinn aufrollen und durchgehend festnähen.

Kaulquappe

Länge: 21 cm

Material

- 50 g Wolle, schwarz
- Wollrest, anthrazit
- Häkelnadel Nr. 3,5
- Styroporei-Hälfte, 8 cm lang
- 2 schwarze Pompons, 7 mm Ø
- schwarze Nähseide

Arbeitsanleitung

Die Kaulquappe besteht aus zwei spiralförmigen Hälften und einem halben Styroporei als Füllung. Der Schwanz wird später flach in Reihen angehäkelt.

Körperhälften (schwarz)

In einen Ring aus 3 Luftmaschen 6 feste Maschen arbeiten. In der nächsten Runde Maschenzahl verdoppeln. In der 3. und 4. Runde je 4 Maschen verteilt zunehmen. In der 5. bis 8. Runde jeweils 2 Maschen verteilt zunehmen. Noch 5 Reihen ohne Veränderung häkeln. Die zweite Hälfte genauso häkeln. Beide Hälften über das halbe Styroporei ziehen und rundum zusammennähen.

Schwanz (schwarz)

An einem Körperende in den Luftmaschenring vom Anfang stechen und 4 feste Maschen nach oben anhäkeln. Noch 7 Reihen ohne Veränderung über die 4 Maschen arbeiten. In der 9. Reihe 1 Masche mittig abnehmen und nochmals 7 Reihen über die 3 Maschen häkeln. Diese letzten 8 Reihen noch einmal wiederholen.

Fertigstellung

Den Schwanz mit 2 Reihen in Anthrazit umhäkeln. Die Pompons mit schwarzer Nähseide als Augen festnähen.

Marienkäfer

Länge: 11 cm

Material

- 50 g Wolle, rot und schwarz
- Häkelnadel Nr. 3
- Styroporei-Hälfte, 10 cm lang
- schwarzer Filz
- weiße Markierungspunkte, 8 und 12 mm Ø
- Klebstoff
- schwarzer Filzstift
- schwarze Nähseide

Arbeitsanleitung

Der Marienkäfer besteht aus zwei spiralförmigen Teilen (Kopf und Körper) und einem halben Styroporei als Füllung. Fühler und Beine werden geflochten.

Körper (rot)

In einen Ring aus 3 Luftmaschen 6 feste Maschen arbeiten. In der nächsten Runde Maschenzahl verdoppeln. In der 3. und 4. Runde je 4 Maschen verteilt zunehmen. Von der 5. bis zur 13. Runde jeweils 2 Maschen verteilt zunehmen. Nun 9 Runden ohne Veränderung häkeln. Die Körperhälfte über das halbe Styroporei ziehen und in der nächsten Runde 2 Maschen verteilt abnehmen. Noch eine Runde ohne Veränderung häkeln.

Kopf (schwarz)

In einen Ring aus 3 Luftmaschen 6 feste Maschen arbeiten. In der nächsten Runde Maschenzahl verdoppeln. Von der 3. bis 6. Runde je 4 Maschen verteilt zunehmen. Von der 7. bis zur 10. Runde jeweils 2 Maschen verteilt zunehmen. Langen Endfaden lassen.

Fertigstellung

Das Kopfteil über die Eihälfte stülpen und mit dem Körper rundum zusammennähen. Den Rest des schwarzen Fadens als Trennlinie über den Rücken ziehen und vernähen.

Für die Unterseite eine Abdeckung aus schwarzem Filz schneiden, dazu den Körper als Schablone auflegen.

Als Beine 6mal drei lange, schwarze Wollfäden in den Bauch mittig einziehen und doppelfädig zu Zöpfen flechten. Fest verknoten und abschneiden. Für die Fühler drei schwarze Fäden durch das Kopfende ziehen und an beiden Ansätzen festknoten, damit sie sicher halten. Dann ebenfalls flechten und abschließend verknoten.

Sieben große Markierungspunkte mit Filzstift schwarz anmalen und mit zwei kleinen weißen Punkten auf den Rücken kleben. Zwei kleine Markierungspunkte schwärzen und mit zwei großen weißen Punkten am Kopf als Augen ankleben.

In das Filzstück kleine Löcher für die Beinansätze schneiden und die Beine durchziehen. Den Filz festkleben und die Beine am Rand der Unterseite festnähen.

Ratte

Länge: 34 cm (mit Schwanz)

Material

- 50 g Wolle, weiß
- Wollrest, rosa
- Häkelnadel Nr. 3,5
- Füllwatte
- rote Pompons, 7 mm Ø
- rote Nähseide
- rosafarbenes Stickgarn
- stabiler Nylonfaden
- Strickliesel mit Häkelnadel Nr. 3

Arbeitsanleitung

Die Ratte besteht aus zwei spiralförmigen Teilen (Kopf und Körper) mit Wattefüllung. Als Schwanz wird ein Strickschlauch angenäht.

Körper (weiß)

In einen Ring aus 3 Luftmaschen 6 feste Maschen arbeiten. In der nächsten Runde Maschenzahl verdoppeln. In der 3. Runde 6 Maschen verteilt zunehmen. Von der 4. bis 7. Runde 4 Maschen verteilt zunehmen. Nach 3 Runden ohne Veränderung in der 11. Runde eine Masche abnehmen. Dann wieder 15 Runden ohne Veränderung häkeln. In der 27. bis 29. Runde je 2 Maschen verteilt abnehmen. Zum Abschluss noch eine Runde ohne Veränderung arbeiten.

Kopf (weiß)

In einen Ring aus 3 Luftmaschen 6 feste Maschen arbeiten. In der nächsten Runde Maschenzahl verdoppeln. Von der 3. bis zur 7. Runde je 2 Maschen verteilt zunehmen. In der nächsten Runde 3 Maschen zunehmen. Noch 2 Runden ohne Veränderung häkeln.

Ohren (rosa)

Vier Luftmaschen anschlagen und 3 Reihen mit je 3 festen Maschen häkeln. In der 4. Reihe 2 Maschen abnehmen, d. h. nur noch eine Masche in die Mitte arbeiten und den Endfaden nach unten durchziehen.

Fertigstellung

Für die Tasthaare 4 Nylonfäden zu 12 cm Länge in der Mitte überkreuzen und mit einem Wollfaden fest verknoten. Die Fäden in den Kopf schieben, Enden an beiden Kopfseiten nach außen führen. Körper und Kopf ausstopfen und rundum zusammennähen.

Für den Schwanz mit der Strickliesel einen 15 cm langen Schlauch in Rosa arbeiten. Schwanz, Ohren und Augen festnähen. Die Nase mit rosa Stickgarn aufsticken.

Apollofalter

Breite: 23 cm

Material

- 50 g Wolle, weiß, grau, anthrazit, schwarz und rot
- Häkelnadel Nr. 3,5
- Füllwatte
- schwarze Pompons, 7 mm Ø
- zwei Ilexbeeren, 4 mm Ø, elfenbeinfarben
- Draht
- Klebstoff
- schwarze Nähseide

Arbeitsanleitung

Die Schmetterlingsflügel werden flach nach dem Zählmuster auf Seite 18 in Reihen gehäkelt. Der Körper ist spiralförmig an einem Stück gearbeitet und mit Watte ausgestopft.

Flügel

Jede Flügelseite zweimal nach Zählmuster häkeln. Beim Farbwechsel bereits mit der neuen Farbe abketten. Zu- und Abnahmen immer am Rand vornehmen. Für die grauen Außenflächen mit zwei getrennten Knäueln arbeiten, um das Durcheinander an Fäden auf der Rückseite zu verringern.

Körper (anthrazit)

In einen Ring aus 3 Luftmaschen 6 feste Maschen arbeiten. In der nächsten Runde Maschenzahl verdoppeln. In der 3. bis 6. Runde je eine Masche zunehmen. Dann 12 Runden ohne Veränderung häkeln. In der 19. Runde 4 Maschen verteilt abnehmen. Die 20. Runde ohne Veränderung arbeiten. Die letzten beiden Runden wiederholen und den Körper ausstopfen. In der 23. Runde noch einmal 4 Maschen abnehmen und die Öffnung mit dem Endfaden zunähen.

Fertigstellung

Je eine rechte und eine linke Flügelhälfte mit den Rückseiten zueinander legen und den Farben entsprechend zusammennähen. Die fertigen Flügel mit sechs Stichen in Anthrazit am Körper festnähen. Ein Stück Draht quer durch beide Flügel und den Körper ziehen, damit die Flügel eine gewisse Festigkeit bekommen. Die Pompons mit Nähseide am Kopf annähen.

Für die Fühler eine Ilexbeere kappen und den Draht mit Klebstoff bestreichen. Mit einem längeren Wollfaden in Anthrazit den Draht fest umwickeln und kurz vor dem freien Ende verknoten. Den fertigen Fühler in den Kopf stecken und mit dem Rest des Fadens festnähen. Den zweiten Fühler genauso arbeiten.

Zählmuster Apollofalter

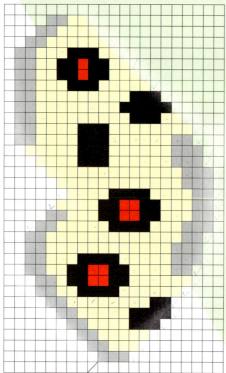
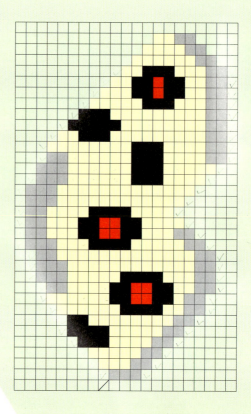

Zählmuster Zitronenfalter

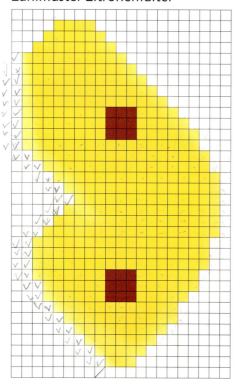
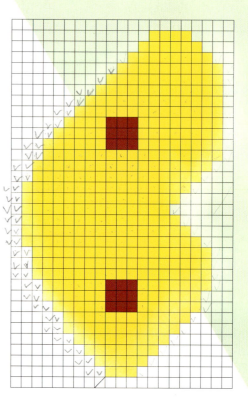

Zitronenfalter

Breite: 23 cm

Material

- 50 g Wolle, hellgelb und graubraun
- Wollrest, rotbraun
- Häkelnadel Nr. 3,5
- braune Pompons, 7 mm Ø
- Füllwatte
- zwei Ilexbeeren, 4 mm Ø, elfenbeinfarben
- Draht
- Klebstoff
- braune Nähseide

Arbeitsanleitung

Siehe unter Apollofalter (Seite 16).

Fertigstellung
Die Flügelhälften in Gelb rundum zusammenhäkeln statt -nähen.

Fisch

Länge: 22 cm

Material

- 50 g Wolle, gelb und blau
- Häkelnadel Nr. 3,5
- Füllwatte
- blauer Filz
- Tieraugen, 1 cm Ø
- schwarzer Filzstift
- blaue Nähseide

Arbeitsanleitung

Der Fisch besteht aus zwei in Reihen gehäkelten Hälften mit Wattefüllung.

Körper

Zwei gleiche Teile nach dem Zählmuster häkeln. Beim Farbwechsel bereits mit der neuen Farbe abketten. Die gerade nicht benötigte Farbe mitführen und einhäkeln, also keine Fäden auf der Rückseite hängen lassen. Zu- und Abnahmen immer am Rand vornehmen.

Fertigstellung

Flossen aus Filz nach Schablonen auf Seite 22 zuschneiden. Körperhälften zusammennähen und dabei die Flossen mitfassen. Nicht zu prall ausstopfen. Augen und Brustflossen mit Nähseide annähen. Zum Schluss mit dem Filzstift Gräten auf die Filzflossen malen.

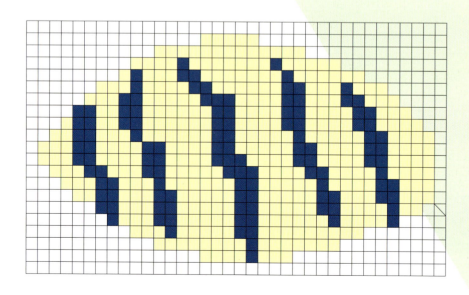

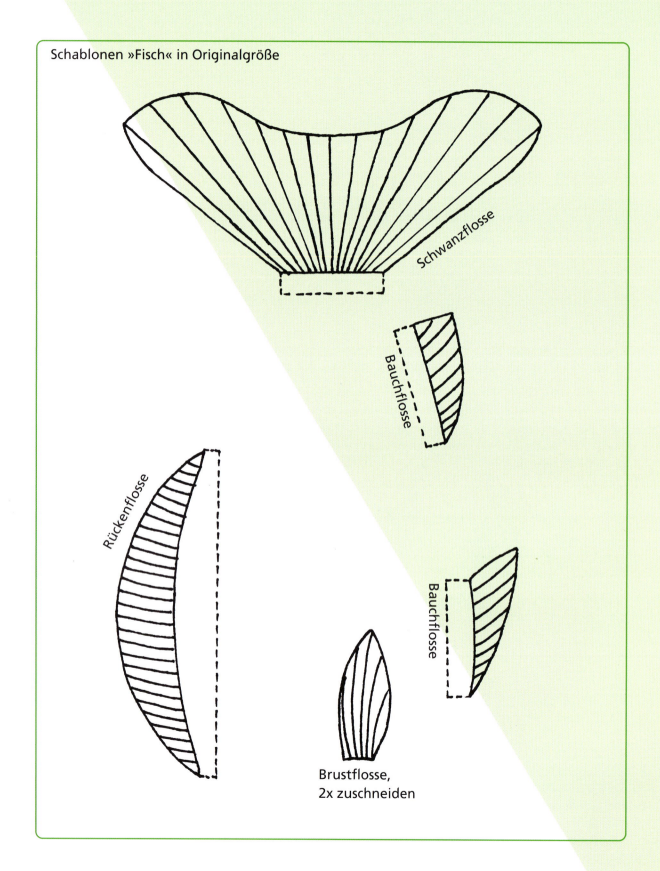

Seestern

(Abbildung auf Seite 24)

Durchmesser: 21 cm

Material

- 50 g Wolle, rot
- Häkelnadel Nr. 3,5
- Füllwatte

Arbeitsanleitung

Der Seestern besteht aus zwei spiralförmigen Scheiben mit jeweils fünf angesetzten, in Reihen gehäkelten Armen und einer Wattefüllung.

Körper

In einen Ring aus 3 Luftmaschen 6 feste Maschen arbeiten. In der nächsten Runde Maschenzahl verdoppeln. In der 3. und 4. Runde je 5 Maschen verteilt zunehmen. In der 5. Runde noch einmal 3 Maschen zunehmen.

Für den ersten Arm mit einer Luftmasche wenden und in geraden Reihen weiterhäkeln wie folgt: 4 Reihen zu 5 Maschen arbeiten und in der nächsten Reihe eine Masche in der Mitte abnehmen. Diese 5 Reihen noch zweimal wiederholen, bis 2 Maschen übrig sind. Dann eine Reihe mit 2 Maschen häkeln und zum Schluss eine Masche abnehmen.

Die übrigen vier Arme genauso arbeiten. Dafür zu Beginn jeweils eine zusätzliche Reihe mit 5 Maschen am spiralförmigen Innenkörper ansetzen (siehe Foto unten).

Das zweite Körperteil genauso häkeln.

Fertigstellung

Die beiden Körperteile zusammennähen und nicht zu prall ausstopfen.

Seeigel

Durchmesser: 11 cm (mit Stacheln)

Material

- 50 g Wolle, türkis
- Häkelnadel Nr. 3,5
- Styroporkugel-Hälfte, 6 cm Ø

Arbeitsanleitung

Der Seeigel besteht aus zwei spiralförmigen Teilen mit einer halben Styroporkugel als Füllung.

Oberteil
In einen Ring aus 3 Luftmaschen 6 feste Maschen arbeiten. In der nächsten Runde Maschenzahl verdoppeln. Von der 3. bis zur 7. Runde je 4 Maschen verteilt zunehmen. Noch 4 Runden ohne Veränderung häkeln.

Unterteil
In einen Ring aus 3 Luftmaschen 6 feste Maschen arbeiten. In der nächsten Runde Maschenzahl verdoppeln. Von der 3. bis zur 6. Runde je 5 Maschen verteilt zunehmen. Noch eine Runde ohne Veränderung häkeln.

Fertigstellung
Die beiden Körperteile über die Halbkugel legen und rundum zusammennähen. Fäden von ungefähr 7 cm Länge als Stacheln anknüpfen (siehe Foto rechts; die Stacheln wurden zur besseren Unterscheidbarkeit in Rot gearbeitet).

Tipp
Die vier kleinen Meerestiere (Fisch, Seestern, Seeigel und Seepferdchen) sind für Mobiles gut geeignet und können beliebig kombiniert werden. Als Material benötigen Sie dann zusätzlich Mobileschnur und ein Gestänge aus Drahtbügeln oder Holzstäbchen.

Seepferdchen

Höhe: 22 cm

Material

- 50 g Wolle, hellbraun,
- Häkelnadel Nr. 3,5
- Füllwatte
- Draht
- Tieraugen, 8 mm Ø

Arbeitsanleitung

Das Seepferdchen besteht aus zwei in Reihen gehäkelten Hälften mit Wattefüllung.

Körper

Zwei gleiche Teile nach dem Zählmuster häkeln. Zu- und Abnahmen immer am Rand vornehmen. Die beiden Hälften am Rücken zusammennähen und für den Schwanz die 4 Maschen (2 von jeder Seite) am Ende auffassen. In der nächsten Reihe eine Masche abnehmen und 6 Reihen über 3 Maschen ohne Veränderung häkeln. Die letzten 7 Reihen über 2 Maschen häkeln.

Fertigstellung

Die Vorderseite zunähen und nicht zu prall ausstopfen. Vom Schwanzende her Draht einschieben und vorsichtig aufrollen.
Für die Rückenflosse 5 Maschen anhäkeln. In der 2. Reihe 3 Maschen verteilt zunehmen. Die 3. Reihe ohne Veränderung häkeln. In der 4. Reihe noch einmal 3 Maschen zunehmen. Augen annähen und Wollfäden am Kopf anknüpfen.

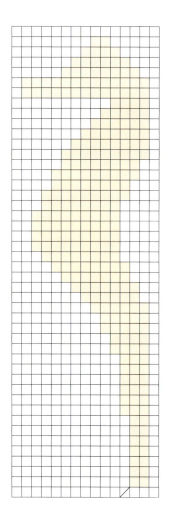

Laubfrosch

Höhe: 8 cm (sitzend)

Material

- 50 g Wolle, grün
- Wollrest, schwarz
- Häkelnadel Nr. 3
- Füllwatte
- zwei rote Holzperlen, 8 mm Ø
- Draht
- schwarzer Filzstift
- Strickliesel

Arbeitsanleitung

Der Frosch besteht aus zwei spiralförmigen Teilen (Kopf und Körper) mit Wattefüllung. Die Beine werden aus Strickschläuchen und Draht gefertigt.

Körper

In einen Ring aus 3 Luftmaschen 6 feste Maschen arbeiten. In der nächsten Runde Maschenzahl verdoppeln. Von der 3. bis zur 6. Runde je 3 Maschen verteilt zunehmen. In den nächsten beiden Runden jeweils 6 Maschen zunehmen. Nun 5 Runden ohne Veränderung häkeln. Dann 5 Maschen verteilt abnehmen und noch eine Runde ohne Veränderung arbeiten. Die letzten beiden Runden zweimal wiederholen.

Kopf

In einen Ring aus 3 Luftmaschen 6 feste Maschen arbeiten. In der nächsten Runde Maschenzahl verdoppeln. In der 3. bis 5. Runde je 3 Maschen verteilt zunehmen. Dann noch 3 Runden ohne Veränderung häkeln.

Füße

Pro Fuß 3 Luftmaschen anschlagen und 2 Reihen mit je 2 festen Maschen häkeln. In der 3. Reihe 2 Maschen zunehmen und noch 2 Reihen ohne Veränderung arbeiten. Auf diese Art vier Füße anfertigen.

Fertigstellung

Den Kopf mit dem Körper rundum zusammennähen und ausstopfen. Als Beine je zwei Schläuche von 6 und 12 cm Länge mit der Strickliesel anfertigen. Füße daran festnähen.
Für die Augenlider 5 Maschen im Halbkreis ansetzen und noch eine weitere Reihe ohne Veränderung feste Maschen häkeln. Mit dem Endfaden die Perle auffädeln und das heruntergeklappte Lid damit festnähen. Schwarze Pupille auf die Perle malen. Maul und Nasenlöcher mit schwarzer Wolle sticken. Zum Schluss die Beine annähen, die längeren sind die Hinterbeine. Draht durch die Beine bis in den Körper hineinschieben und zurechtbiegen.

Farbfrosch

Höhe: 8 cm (sitzend)

Material

- 50 g Wolle, grün und rot
- Wollrest, schwarz
- Häkelnadel Nr. 3
- Füllwatte
- zwei schwarze Holzperlen, 8 mm Ø
- Draht
- Strickliesel

Arbeitsanleitung

Siehe unter Laubfrosch (Seite 28).

Kopf (rot und grün)

Bis zur 5. Runde wie beim Laubfrosch häkeln, nur in Rot. Die 3 Runden ohne Veränderung werden in beiden Farben gehäkelt wie folgt: Die erste Runde mit 4 Maschen in Grün beginnen, dann mit Rot weiterarbeiten. In den nächsten beiden Runden den grünen Anteil auf 8 und 10 Maschen erhöhen, so dass ein gleichmäßiger Keil entsteht. Die 3. Runde endet in Rot dort, wo der grüne Bereich wieder beginnen würde. An dieser Stelle mit einer Luftmasche wenden und in geraden Reihen weiterhäkeln. In den ersten beiden Reihen je 11 Maschen arbeiten. Dann 2 Maschen am Rand zunehmen und eine Reihe ohne Veränderung häkeln. Diese beiden Reihen noch zweimal wiederholen. Eine weitere Reihe mit 17 Maschen häkeln. In den folgenden 8 Reihen jeweils 2 Maschen (an den Rändern) abnehmen. Langen Endfaden lassen.

Füße

Zwei rote und zwei grüne Füße arbeiten, wie beim Laubfrosch beschrieben.

Fertigstellung

Kopf und Körper an der Kehle in Grün zusammennähen. Ausstopfen und das rote »Cape« am Rücken festnähen. Mit der Strickliesel zwei rote Vorderbeine und zwei grüne Hinterbeine herstellen. Die Augenlider in Rot anhäkeln.

Schnecke

Länge: 34 cm

Material

- 100 g Wolle, gelb
- 50 g Wolle, grau
- Wollrest, braun
- Häkelnadel Nr. 3,5
- Füllwatte
- 2 Paar Holzperlen, 12 und 10 mm Ø
- 2 schwarze Stecknadelköpfe (oder Miniperlen)
- Draht
- Korkscheibe, 2,5 cm Ø
- Zahnstocher
- Klebstoff
- Strickliesel mit Häkelnadel Nr. 3

Arbeitsanleitung

Das Schneckenhaus besteht aus einem in Reihen gehäkelten Keil, der später zusammengeklappt, gefüllt und dann aufgerollt wird. Der Körper wird aus drei flachen Teilen zusammengesetzt.

Schneckenhaus (gelb)

29 Luftmaschen anschlagen und 28 feste Maschen arbeiten. In jeder 10. Reihe 2 Maschen abnehmen (jeweils eine Masche an Anfang und Ende der Reihe), insgesamt 130 Reihen häkeln. Den fertigen Keil vom schmalen Ende her doppelt legen und zusammennähen, dabei mit Watte ausstopfen. Nun in derselben Richtung aufrollen und gleichzeitig festnähen. Die Drehung erfolgt im Uhrzeigersinn nach unten fliehend (siehe Foto). Ungefähr 1,5 cm der offenen Röhre abstehen lassen.

Abdeckplatte (gelb)

In einen Ring aus 3 Luftmaschen 6 feste Maschen arbeiten. In der nächsten Runde Maschenzahl verdoppeln. In den folgenden 4 Runden je 5 Maschen verteilt zunehmen. Noch eine Runde ohne Veränderung arbeiten. Die fertige Platte innen über dem Gewinde (»Nabel«) des Schneckenhauses festnähen.

Körper (grau)

a) 7 Luftmaschen anschlagen, 5 Reihen mit 6 festen Maschen häkeln und abschließen. Nun 5 Luftmaschen anschlagen und die 6 festen Maschen des ersten Teils wieder aufnehmen. Auf der anderen Seite angekommen, 5 Luftmaschen und eine zusätzliche zum Wenden häkeln. Sie nehmen also auf beiden Seiten des Anfangsteils 5 Maschen zu (siehe Foto links; das Anfangsteil wurde zur besseren Unterscheidbarkeit in Rot gearbeitet). Ab jetzt 20 Reihen mit 16 Maschen häkeln. Dann folgen 2 Reihen mit je einer Abnahme in der Mitte. 3 Reihen ohne Veränderung häkeln und wieder 2 Maschen in 2 Reihen abnehmen. Die folgenden 4 Reihen insgesamt sechsmal ausführen: 2 Reihen ohne Veränderung und 2 Reihen mit je einer Abnahme. Das Kopfstück herunterklappen und an beiden Seiten festnähen.

b) 11 Luftmaschen anschlagen und 8 Reihen mit 10 festen Maschen häkeln. In den nächsten beiden Reihen je eine Masche in der Mitte abnehmen. 5 Reihen ohne Veränderung häkeln und wieder 2 Maschen in 2 Reihen abnehmen. Noch 2 Reihen ohne Veränderung arbeiten.

c) 9 Luftmaschen anschlagen und 9 Reihen mit 8 festen Maschen häkeln. In den nächsten beiden Reihen je eine Masche in der Mitte abnehmen. 9 Reihen ohne Veränderung häkeln und wieder 2 Maschen in 2 Reihen abnehmen. 7 Reihen ohne Veränderung arbeiten und wieder abnehmen. Noch eine Reihe mit 2 Maschen häkeln.

Fertigstellung
Die beiden Sohlenhälften mit der Körperoberseite zusammenhäkeln. Das kurze Stück liegt dabei vorne, sodass die letzte Reihe mit den 6 Maschen zum Kopf zeigt. Die ganze Sohle mit einer Reihe fester Maschen umhäkeln und dabei in den Ecken dreimal sowie am spitzen Ende sechsmal in eine Masche stechen. Die Korkscheibe durch den Schlitz am Bauch ans Kopfende schieben, den Körper prall ausstopfen und verschließen. Für die Fühler und Stielaugen mit der Strickliesel einen Schlauch von 18 cm Länge herstellen. Diesen in vier Stücke zu je 3 bzw. 5,5 cm zerschneiden und die Enden mit Fäden sichern. Drahtstücke durchziehen und jeweils ein Ende in die Korkscheibe im Kopf stecken. Die Schlauchenden festnähen. Auf das andere Ende die entsprechenden Holzperlen kleben. Oben die Stecknadelköpfe und unten Zahnstocherstückchen in die Öffnungen kleben.

Nun das Haus an den Körper halten und den vordersten Berührungspunkt markieren. Von dort ausgehend 25 Maschen im Oval in Gelb ansetzen und 5 Runden ohne Veränderung hochhäkeln. Diesen »Stutzen« prall ausstopfen, die Schneckenhausöffnung darüberstülpen und fest miteinander vernähen. Nun das Haus ausbalancieren und hinten an einem Punkt festnähen. In Braun 31 Luftmaschen anschlagen und 4 Reihen mit 30 festen Maschen häkeln. Diesen Streifen um den Hausansatz legen und hinten zunähen.

Raupe

Länge: 31 cm

Material

- 50 g Wolle, hellgrün
- Wollreste, dunkelgrün und braun
- Häkelnadel Nr. 3
- Füllwatte
- Klebstoff
- 12 grüne Pompons, 1 cm Ø

Arbeitsanleitung

Die Raupe wird spiralförmig an einem Stück gehäkelt und mit Watte gefüllt.

Körper

Mit Hellgrün beginnen: In einen Ring aus 3 Luftmaschen 6 feste Maschen arbeiten. In der nächsten Runde Maschenzahl verdoppeln. In der 3. und 4. Runde je 6 Maschen verteilt zunehmen. Von der 5. bis zur 7. Runde jeweils 4 Maschen gleichmäßig verteilt zunehmen.
In der 5. Runde beginnt das Muster: zwei dunkelgrüne Seitenstreifen von konstant 4 Maschen Breite, d. h. alle Zu- und Abnahmen werden in den hellgrünen Bereichen dazwischen vorgenommen. Die dunkle Wolle dabei in zwei Knäuel aufteilen.
Ab der 8. Runde 5 Runden ohne Veränderung häkeln. In der 13. und 14. je 4 Maschen abnehmen. Noch eine Runde ohne Veränderung häkeln. Ab hier abschnittsweise ausstopfen. Die folgenden 10 Runden insgesamt sechsmal ausführen: 2 Runden mit je 4 Zunahmen und 5 Runden ohne Veränderung häkeln. Dann 2 Runden zu 4 Abnahmen und eine Runde ohne Veränderung arbeiten.
Für den Kopf in Braun weiterhäkeln: Erst eine Runde mit 4 Zunahmen, dann 2 Runden ohne Veränderung. Nun 3 Runden lang jede 2. Masche überspringen. Mit dem Endfaden zunähen.

Fertigstellung

Pompons paarweise als Beine ankleben oder festnähen. Für jeden Abschnitt des Körpers 3mal 3 Fäden von 10 cm Länge als Borsten anknüpfen.

Ferkel

Länge: 20 cm

Material

- 50 g Wolle, rosa
- Häkelnadel Nr. 3,5
- Füllwatte
- Tieraugen, 1 cm Ø
- Pappscheibe, 3 cm Ø
- schwarzer Filzstift

Arbeitsanleitung

Das Ferkel besteht aus zwei spiralförmigen Teilen mit Wattefüllung. Die Beine werden ebenfalls spiralförmig gehäkelt.

Körper

In einen Ring aus 3 Luftmaschen 6 feste Maschen arbeiten. In der nächsten Runde Maschenzahl verdoppeln. In der 3. und 4. Runde je 6 Maschen verteilt zunehmen. Von der 5. bis zur 9. Runde jeweils 4 Maschen zunehmen. Ab der 10. Runde 4 Runden ohne Veränderung häkeln. In der 14. bis 16. Runde je eine Masche abnehmen. Es folgen 12 Runden ohne Veränderung. Dann 3 Runden lang je eine Masche zunehmen. Zum Schluss noch 4 Runden ohne Veränderung häkeln.

Kopf

20 Luftmaschen anschlagen und zum Ring schließen. Dann 2 Runden mit 20 festen Maschen häkeln. In der 3. und 4. Runde je eine Masche abnehmen. Von der 5. bis zur 7. Runde jeweils 3 Maschen verteilt zunehmen. In den nächsten beiden Runden erst 10, dann 7 Maschen zuneh-

men. Zum Schluss noch 4 Runden ohne Veränderung häkeln.
Nun die 20 Maschen vom Anfang wieder aufnehmen und für die Schnauze ab der 2. Runde jede 2. Masche überspringen. Mit dem Endfaden zunähen.

Ohren

8 Luftmaschen anschlagen und 3 Reihen mit 7 festen Maschen häkeln. Dann 2 Maschen abnehmen und 3 Reihen ohne Veränderung arbeiten. Nochmals 2 Maschen abnehmen und eine Reihe mit 3 Maschen häkeln. In der letzten Reihe nur noch eine Masche in der Mitte arbeiten und den Endfaden nach unten durchziehen. Das zweite Ohr genauso häkeln.

Beine

In einen Ring aus 3 Luftmaschen 6 feste Maschen arbeiten. In der nächsten Runde Maschenzahl verdoppeln. 8 Runden ohne Veränderung häkeln. In der nächsten Runde 3 Maschen zunehmen und noch zwei Runden ohne Veränderung arbeiten. Mit einer Luftmasche wenden und 7 Maschen häkeln. Nochmals wenden und in der letzten Reihe noch 2 Maschen abnehmen. Die drei anderen Beine genauso arbeiten.

Fertigstellung

Die Pappscheibe in die Rüsselspitze legen. Körper und Kopf rundum zusammennähen und dabei ausstopfen. Beine ausstopfen und annähen. Augen und Ohren annähen. Die Nasenlöcher aufmalen.
Für den Ringelschwanz 13 Luftmaschen anschlagen und eine Reihe mit 12 festen Maschen häkeln. Waagrecht festnähen.

Schildkröte

Länge: 27 cm

Material

- 50 g Wolle, mittel- und dunkelgrün
- Wollreste, hellgrün und schwarz
- Häkelnadel Nr. 3,5
- Füllwatte
- Tieraugen, 8 mm Ø
- Stecknadeln

Arbeitsanleitung

Der Panzer besteht aus zwei spiralförmigen Teilen mit Wattefüllung. Beine und Kopf werden ebenfalls spiralförmig gehäkelt, der Schwanz in Reihen.

Rückenpanzer (dunkelgrün)

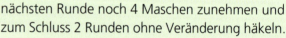

7 Luftmaschen anschlagen und ein spiralförmiges Oval häkeln: In der 1. Runde zunächst 6 feste Maschen arbeiten, dann in die 6. Luftmasche 3 feste Maschen häkeln und mit 5 Maschen in die anderen Hälften der restlichen Luftmaschen fortfahren. Nach 2 zusätzlichen Maschen in die letzte Luftmasche ist die erste Runde des Ovals komplett. Nun die beiden Pole markieren, d. h. die 8. und die 16. Masche. Von der 2. bis zur 6. Runde in jeden der Pole 3 Maschen häkeln und zusätzlich noch je eine Masche auf den Stücken dazwischen zunehmen. Das entspricht einer Zunahme von 6 Maschen pro Runde. Von der 7. bis zur 11. Runde weiterhin 6 Maschen zunehmen, je-

doch gleichmäßig verteilt wie in einem normalen Kreis (für die Detailfotos wurde die 1. Runde in Rot gearbeitet). In der 12. und 13. Runde je 3 Maschen verteilt zunehmen. Dann in der nächsten Runde noch 4 Maschen zunehmen und zum Schluss 2 Runden ohne Veränderung häkeln.

Bauchpanzer (dunkelgrün)

Wie den Rückenpanzer häkeln, jedoch mit folgenden Abweichungen: Von der 7. bis zur 11. Runde je 8 Maschen zunehmen. Die 12. und 13. Runde ohne Veränderung häkeln und dann abschließen.

Kopf (mittelgrün)

14 Luftmaschen anschlagen und zum Kreis schließen. 10 Runden mit 14 festen Maschen häkeln. In der 11. Runde jede 2. Masche verdoppeln und 5 Runden mit 21 Maschen weiterarbeiten. In den nächsten 4 Runden je 4 Maschen verteilt abnehmen. Mit dem Endfaden zunähen.

Beine (mittelgrün)

13 Luftmaschen anschlagen und zum Kreis schließen. 13 Runden mit 13 festen Maschen häkeln. In den nächsten beiden Runden je 4 Maschen verteilt abnehmen. Mit dem Endfaden zunähen. Die drei anderen Beine genauso häkeln.

Schwanz (mittelgrün)

7 Luftmaschen anschlagen und 5 gerade Reihen mit 6 festen Maschen häkeln. Dann 2 Maschen

abnehmen und wieder 5 Reihen ohne Veränderung arbeiten. Noch einmal 2 Maschen abnehmen und die letzte Reihe mit 2 Maschen häkeln. Zur Hälfte legen und mit dem Endfaden zusammennähen.

Fertigstellung
Beine und Kopf ausstopfen. Jedes Körperteil mit einigen Stichen am Bauchpanzer befestigen. Die Vorderbeine im rechten Winkel am Hals festnähen. Den Rückenpanzer auflegen und mit dem Unterteil rundum zusammennähen, dabei auch durch die Gliedmaßen stechen. Nicht zu prall ausstopfen.
Augen annähen, Mund und Nasenlöcher in Schwarz aufsticken. Nun den Panzer in Hellgrün besticken: Zuerst eine umlaufende Linie sticken, die ungefähr 3 Maschen über der Naht verläuft und etwa alle 4 Maschen unterbrochen wird. Parallel dazu eine zweite Linie darunter auf der Naht ziehen und an den Unterbrechungen senkrecht mit der ersten verbinden. Dann durch Stecknadeln die Eckpunkte von Sechsecken markieren und die entsprechenden Linien sticken.

Igel

Länge: 25 und 17 cm

Material

- je 50 g Wolle, braun und schwarz-weiß-graumeliert
- Wollrest, schwarz
- Häkelnadel Nr. 3,5
- Füllwatte
- Styroporei-Hälfte, 15 und 10 cm lang
- schwarze Glasaugen, 8 und 6 mm Ø

Arbeitsanleitung

Der Igel besteht aus zwei spiralförmigen Teilen mit einer hohlen Styroporei-Hälfte und Watte als Füllung. Die Stacheln werden aufgeknüpft.

Körper (braun)
In einen Ring aus 3 Luftmaschen 6 feste Maschen arbeiten. In der nächsten Runde Maschenzahl verdoppeln. In der 3. und 4. Runde je 5 Maschen verteilt zunehmen. Es folgen 2 Runden mit jeweils 4 Zunahmen. In den nächsten 10 Runden je 3 Maschen zunehmen. Nun noch 10 Runden ohne Veränderung häkeln.

Kopf (braun)
In einen Ring aus 3 Luftmaschen 6 feste Maschen arbeiten. In der nächsten Runde Maschenzahl verdoppeln. Dann 24 Runden lang je 2 Maschen zunehmen. Zum Abschluss noch eine Runde ohne Veränderung häkeln.

Ohren (braun)
7 Luftmaschen anschlagen und 3 Reihen mit 6 festen Maschen häkeln. In den nächsten beiden Reihen je 2 Maschen abnehmen. Zuletzt noch eine Masche abnehmen und den Endfaden nach unten durchziehen.

Fertigstellung
Den überstehenden Rand der Eihälfte abschneiden, den Körper über das stumpfe Ende ziehen und den Hohlraum mit Watte füllen. Dann den Kopf ausstopfen und am Körper rundum festnähen. Augen und Ohren annähen, Nase und Augenlider sticken. Ungefähr 9 cm lange Wollfäden dicht an dicht als Stacheln anknüpfen.

Igelkind

Das Igelkind wird genauso gearbeitet wie der große Igel mit folgenden Unterschieden:

Körper (braun)
In einen Ring aus 3 Luftmaschen 6 feste Maschen arbeiten. In der nächsten Runde Maschenzahl verdoppeln. In der 3. und 4. Runde je 4 Maschen verteilt zunehmen. Dann 9 Runden lang jeweils 2 Maschen zunehmen. Zum Schluss noch 5 Runden ohne Veränderung häkeln.

Kopf (braun)
In einen Ring aus 3 Luftmaschen 6 feste Maschen arbeiten. In der nächsten Runde Maschenzahl verdoppeln. Dann 13 Runden lang je 2 Maschen zunehmen. Zum Schluss noch 4 Runden ohne Veränderung häkeln.

Ohren (braun)
5 Luftmaschen anschlagen und 3 Reihen mit

4 festen Maschen häkeln. In der 4. Reihe 2, dann in der 5. Reihe eine Masche abnehmen und den Endfaden nach unten durchziehen.

Fertigstellung
Die Stacheln bestehen nur aus 7 cm langen Fäden.

Kraken

Größe: 53 und 23 cm

Material

- 200 g Wolle, dunkelrot
- 100 g Wolle, mittelrot
- Häkelnadel Nr. 3,5
- Füllwatte
- je 2 Holzperlen, 2 und 1 cm Ø
- Klebstoff
- schwarzer Filzstift
- Markierungspunkte: 176mal 18 mm Ø, 32mal 12 mm Ø, 48mal 8 mm Ø; 184mal 8 mm Ø (für das Krakenkind)

Arbeitsanleitung

Die Krake besteht aus zwei spiralförmigen Teilen mit angesetzten Armen, die gerade in Reihen gehäkelt werden. Als Füllung dient Watte.

Körperoberteil (dunkelrot)

In einen Ring aus 3 Luftmaschen 6 feste Maschen arbeiten. In der nächsten Runde Maschenzahl verdoppeln. In der 3. und 4. Runde je 6 Maschen verteilt zunehmen. Dann 11 Runden lang jeweils 4 Maschen zunehmen. Es folgen 14 Runden ohne Veränderung. In der nächsten Runde 10 Maschen verteilt abnehmen. Dann 2 Runden mit je 8 Abnahmen häkeln. Noch einmal 6 Maschen abnehmen und in der darauffolgenden Runde gleich wieder 10 Maschen zunehmen. Nun 14 Runden lang jeweils 3 Maschen zunehmen.

Körperunterseite (mittelrot)

In einen Ring aus 3 Luftmaschen 6 feste Maschen arbeiten. In der nächsten Runde Maschenzahl verdoppeln. In der 3. bis 5. Runde je 5 Maschen verteilt zunehmen. Dann 9 Runden lang jeweils 6 Maschen zunehmen. In der letzten Runde noch einmal 7 Maschen zunehmen.

Arme

Für beide Körperhälften in der entsprechenden Farbe (dunkelrot am Oberteil, mittelrot an der Unterseite) jeweils acht Arme mit 3 Maschen Abstand zueinander rundum anhäkeln. Für jeden der Arme zunächst 40 Reihen mit 8 Maschen arbeiten. In den nächsten beiden Reihen je eine Masche in der Mitte abnehmen. Dann 8 Reihen ohne Veränderung häkeln und in den nächsten beiden Reihen wieder je eine Masche abnehmen. Diese 10 Reihen noch einmal wiederholen. Zum Schluss 2 Reihen mit 2 Maschen häkeln.

Fertigstellung

Körperober- und -unterseite und alle acht Arme zusammennähen und dabei ausstopfen. Für die Augenhöhlen 16 feste Maschen im Kreis anhäkeln und 2 Runden ohne Veränderung hocharbeiten. Die Holzperlen darin festnähen und die Pupillen aufmalen.
Zuletzt auf jeden der Arme die Markierungspunkte kleben, wie folgt: 10 Paar 18 mm Ø, 1 Paar 15 mm Ø (aus den großen Punkten zugeschnitten), 2 Paar 12 mm Ø, 3 Paar 8 mm Ø.

Krakenkind

Das Krakenkind wird genauso gearbeitet wie die große Krake mit folgenden Unterschieden:

Körperoberteil

In einen Ring aus 3 Luftmaschen 6 feste Maschen arbeiten. In der nächsten Runde Maschenzahl verdoppeln. In der 3. und 4. Runde je 6 Maschen zunehmen. Dann 2 Runden lang jeweils 4 Maschen zunehmen. Nach einer Runde ohne Veränderung 2 Maschen zunehmen. Nun 9 Runden ohne Veränderung häkeln. In den nächsten beiden Runden je 9 Maschen abnehmen. Dann 8 Runden lang jeweils 4 Maschen zunehmen. Zum Schluss noch eine Runde ohne Veränderung häkeln.

Körperunterseite

In einen Ring aus 3 Luftmaschen 6 feste Maschen arbeiten. In der nächsten Runde Maschenzahl verdoppeln. Dann 6 Runden lang 5 Maschen zunehmen. In der letzten Runde noch einmal 6 Zunahmen häkeln.

Arme

Mit 2 Maschen Abstand arbeiten. Zunächst 24 Reihen mit 4 Maschen häkeln. In der nächsten Reihe eine Masche in der Mitte abnehmen. Nach 4 Reihen ohne Veränderung wieder eine Masche abnehmen. Zum Schluss noch 2 Reihen mit 2 Maschen häkeln.

Fertigstellung

Für die Augenhöhlen 8 Maschen anhäkeln und eine Runde hoch arbeiten. Auf jeden Arm 23 Markierungspunkte kleben.

Korallenschlangen

Länge: 130 cm

Material

- 100 g Wolle, rot (oder lila)
- je 50 g Wolle, schwarz und gelb
- Häkelnadel Nr. 3,5
- Füllwatte
- grüne Tieraugen mit Schlitzpupille, 1 cm Ø

Arbeitsanleitung

Der Schlangenkörper besteht aus einem flach in Reihen gehäkelten Keil, der zusammengeklappt, zugenäht und mit Watte gefüllt wird. Der Kopf dagegen ist spiralförmig gehäkelt.

Körper

9 Luftmaschen anschlagen und 8 feste Maschen arbeiten, in jeder 4. Reihe je 2 Maschen zunehmen. Mit Schwarz beginnen und viermal hintereinander je 6 Reihen schwarz und 2 Reihen gelb häkeln: Mit 24 Maschen ohne Zu- oder Abnahmen weiterhäkeln und das folgende Farbmuster insgesamt 9mal ausführen: 12 Reihen rot, 2 Reihen gelb, 4 Reihen schwarz, 2 Reihen gelb. Für die lilafarbene Schlange: 10 Reihen lila, 2 Reihen gelb, 6 Reihen schwarz, 2 Reihen gelb. Zum Schluss noch 12 Reihen rot (10 Reihen lila) arbeiten.

Kopf

In Gelb 24 Luftmaschen anschlagen und zum Ring schließen. 2 Runden ohne Veränderung arbeiten und dann zu schwarz wechseln. In der 3. Runde 20 Maschen zunehmen und noch 3 Runden ohne Veränderung häkeln.

Nun die 22. Masche vom Rundenanfang sowie die jeweils 6. Masche rechts und links davon markieren. Die nächsten beiden Runden in Schwarz und Gelb wie folgt häkeln: Mit Gelb beginnen und bis zur ersten Markierung 3 Maschen abnehmen, innerhalb der Markierungen in Schwarz 2 Maschen abnehmen, dahinter wieder in Gelb 3 Maschen abnehmen. In der 8. Runde 2mal je 2 Maschen in Gelb abnehmen und in der Mitte dazwischen 3 schwarze Maschen häkeln. Es folgen 4 Runden in Gelb ohne Veränderung. In den nächsten beiden Runden wird das Muster spiegelverkehrt wiederholt: 3 schwarze Maschen in der Mitte, rechts und links davon je 4 Abnahmen in Gelb. In der 2. Musterrunde bleibt die Maschenzahl bei 24, wovon 9 in der Mitte schwarz sind.
Den Rest des Kopfes in Schwarz häkeln: Eine Runde ohne Veränderung und eine Runde mit 4 Abnahmen arbeiten. Es folgen 2 Runden mit je 6 Abnahmen. Zum Schluss noch einmal 4 Maschen abnehmen und die Öffnung mit dem Endfaden verschließen.

Fertigstellung

Den Körper zur Hälfte legen, zusammennähen und dabei prall ausstopfen. Den Kopf ebenfalls füllen und am Körper festnähen. Die Augen mit senkrechter Pupille so fest annähen, dass sie aufrecht stehen.

Der Elefant

Höhe: 14 cm

Material

- 100 g Wolle, lila
- Wollrest, schwarz
- Häkelnadel Nr. 3
- Füllwatte
- 4 runde Pappscheiben, 25 mm Ø
- Klebstoff
- 12 gelbe Markierungspunkte, 16 mm Ø
- je 2 weiße Markierungspunkte, 18 und 8 mm Ø
- schwarzer Filzstift

Arbeitsanleitung

Der Elefant besteht aus zwei spiralförmigen Teilen mit Wattefüllung. Die Beine werden ebenfalls spiralförmig gehäkelt.

Körper

In einen Ring aus 3 Luftmaschen 6 feste Maschen arbeiten. In der nächsten Runde Maschenzahl verdoppeln. In der 3. und 4. Runde je 6 Maschen zunehmen. Dann 11 Runden lang jeweils 4 Maschen zunehmen. Zum Schluss noch 10 Runden ohne Veränderung häkeln.

Kopf

In einen Ring aus 3 Luftmaschen 8 feste Maschen arbeiten und 10 Runden ohne Veränderung häkeln. Dann 20 Runden lang je eine Masche zunehmen. In der nächsten Runde 15 Maschen zunehmen und 4 Runden ohne Veränderung weiterarbeiten. Es folgen 3 Runden mit je 5 Zunahmen. Nach einer Runde ohne Veränderung wieder 2 Runden mit je 5 Zunahmen häkeln. Zum Schluss noch eine Runde ohne Veränderung arbeiten.

Beine

In einen Ring aus 3 Luftmaschen 6 feste Maschen arbeiten. In der nächsten Runde Maschenzahl verdoppeln. In der 3. und 4. Runde je 5 Maschen zunehmen. Dann 7 Runden ohne Veränderung häkeln. Mit einer Luftmasche wenden und 13 feste Maschen arbeiten. Noch 3 gerade Reihen über diese Maschen arbeiten, dabei pro Reihe 2 Maschen abnehmen. Die übrigen drei Beine genauso arbeiten.

Ohren

18 Luftmaschen anschlagen und 19 Reihen mit 17 festen Maschen häkeln. Sie erhalten ein Quadrat, das Sie zum Fünfeck falten (siehe Zeichnung). Die zurückgeklappten Ecken festnähen. Das zweite Ohr genauso arbeiten.

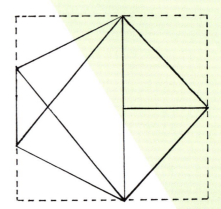

Fertigstellung

Als Schwanz einen schwarzen Wollfaden von 10 cm Länge mit dem Anfangsfaden verknoten. Am anderen Ende ebenfalls einen Knoten machen und den Faden dahinter zu einer Quaste aufspalten. Körper und Kopf rundum zusammennähen und dabei ausstopfen. In die Beine Pappscheiben legen, dann ausstopfen und mit den Ohren annähen. Für die Augen werden die kleinen Markierungspunkte geschwärzt und als Pupillen auf die Großen geklebt. Nun noch einen dünnen schwarzen Rand aufmalen und das fertige Auge festkleben. Mund und Augenbrauen in Schwarz sticken. Zum Schluss aus den gelben Markierungspunkten die Zehennägel schneiden und aufkleben.

Die Maus

Höhe: 32 cm (mit Ohren)

Material

- 100 g Wolle, orange
- 50 g Wolle, braun
- Wollrest, schwarz
- Häkelnadel Nr. 3,5
- Füllwatte
- Styroporkugel, 10 cm Ø
- schwarzer Lederriemen
- weißer Moosgummi
- Draht
- Klebstoff
- 2 Sektkorkenstücke, 2 cm hoch und 3 cm Ø
- 2 Weinkorkenstücke, 2 cm hoch
- schwarzer Filzstift
- Strickliesel mit Häkelnadel Nr. 3

Arbeitsanleitung

Die Maus besteht aus drei spiralförmigen Teilen mit einer halbierten Styroporkugel und Watte als Füllung. Arme und Beine werden ebenfalls spiralförmig gehäkelt.

Körperober- und -unterteil (orange)

In einen Ring aus 3 Luftmaschen 6 feste Maschen arbeiten. In der nächsten Runde Maschenzahl verdoppeln. Von der 3. bis zur 5. Runde je 6 Maschen verteilt zunehmen. Dann 6 Runden lang jeweils 5 Maschen zunehmen. Für die obere Hälfte nun noch 12 Runden ohne Veränderung häkeln. Das Unterteil genauso arbeiten, jedoch zum Schluss 20 Runden ohne Veränderung häkeln.

Schnauze (orange)

In einen Ring aus 3 Luftmaschen 6 feste Maschen arbeiten. In der nächsten Runde Maschenzahl verdoppeln. Dann 10 Runden lang jeweils 3 Maschen verteilt zunehmen. Zum Schluss noch 2 Runden mit je 4 Zunahmen häkeln.

Arme (braun)

In einen Ring aus 3 Luftmaschen 6 feste Maschen arbeiten. In der nächsten Runde Maschenzahl verdoppeln. In der 3. Runde 5 Maschen verteilt zunehmen. Dann 10 Runden ohne Veränderung häkeln. Es folgen 3 Runden mit je einer Masche Zunahme. Nun 5 Runden ohne Veränderung arbeiten. Mit einer Luftmasche wenden und 15 Maschen häkeln. Noch 3 gerade Reihen über diese Maschen arbeiten, dabei pro Reihe 3 Maschen abnehmen. Den zweiten Arm genauso arbeiten.

Beine (braun)

Für die Füße je ein Weinkorkenstück auf den Rand einer Sektkorkenscheibe kleben. In einen Ring aus 3 Luftmaschen 6 feste Maschen arbeiten. In der nächsten Runde Maschenzahl verdoppeln. In der 3. und 4. Runde je 4 Maschen verteilt zunehmen. Dann 5 Runden ohne Veränderung häkeln. Nun die Korken einlegen und

linkes Bein   rechtes Bein

48

eine Runde mit 3 Abnahmen arbeiten. Wichtig: Für das rechte Bein den Korken so drehen, dass die Ferse mit dem Rundenanfang zusammenfällt, links muss der Rundenanfang gegenüber der Ferse liegen (siehe Zeichnung auf Seite 48). Nun 11 Runden ohne Veränderung häkeln. Mit einer Luftmasche wenden und 10 feste Maschen arbeiten. Noch 3 gerade Reihen über diese Maschen arbeiten, dabei pro Reihe 2 Maschen abnehmen.

Ohren (braun)

4 Luftmaschen anschlagen und 3 feste Maschen häkeln. In der 2. Reihe 2 Maschen zunehmen und eine Reihe ohne Veränderung arbeiten. Diese beiden Reihen zweimal wiederholen. Noch eine Reihe mit 9 Maschen häkeln und in der nächsten Reihe 2 Maschen abnehmen. Wieder eine Reihe ohne Veränderung arbeiten. In den letzten beiden Reihen je 2 Maschen abnehmen. Das zweite Ohr genauso häkeln.

Fertigstellung

Styroporkugel halbieren. Beide Körperhälften mit einer halben Styroporkugel sowie Watte füllen und rundum zusammennähen. Aus dem Lederriemen drei Stücke zu 20 cm schneiden, in der Mitte verknoten und in die Schnauzenspitze legen. Die Enden nach außen durchziehen und die wattegefüllte Schnauze annähen. Gliedmaßen ausstopfen und zusammen mit den Ohren festnähen.
Für den Schwanz mit der Strickliesel einen schwarzen Schlauch von 13 cm Länge herstellen und annähen. Ohren und Schwanz mit Draht verstärken. Die Augen mit einem Durchmesser von 22 mm aus Moosgummi schneiden und schwarze Pupillen (1 cm Ø) aufmalen.
Nach dem Festkleben mit Lidern versehen: Dafür 6 feste Maschen im Halbkreis anhäkeln und noch 2 Reihen ohne Veränderung häkeln. Das Lid herunterklappen und mit dem Endfaden festnähen. Zum Schluss in Schwarz umsticken. Nase, Mund, Finger und Zehen werden ebenfalls gestickt.

Pferd

(Abbildung auf Seite 52)

Höhe: 24 cm

Material

- 50 g Wolle, dunkelbraun
- Wollreste, weiß und anthrazit
- Baumwollrest, hellbraun
- Häkelnadel Nr. 3,5
- Füllwatte
- Draht
- Glasaugen, 8 mm Ø
- Moosgummi, weiß und schwarz
- Strickliesel mit Häkelnadel Nr. 3

Arbeitsanleitung

Der Pferdekörper besteht aus zwei in Reihen gehäkelten Hälften mit Wattefüllung. Die Beine werden aus Strickschläuchen und flachen Teilen zusammengesetzt.

Körper (dunkelbraun)
Zwei gleiche Teile nach dem Zählmuster auf Seite 53 häkeln.

Beine (dunkelbraun und weiß)
Für die Oberschenkel insgesamt achtmal das kleine Zählmuster in Dunkelbraun häkeln: viermal ganz als Außenseiten und viermal nur bis zur gepunkteten Linie als Innenseiten. Mit der Strickliesel zwei weiße und zwei dunkelbraune Schläuche von 11 cm Länge herstellen. Draht einziehen und die Endfäden als Knie- und Fesselgelenke um das Bein wickeln.
Für den Unterschenkel 5,5 cm freilassen und darüber den Oberschenkel legen. Außen- und Innenseiten des Oberschenkels zusammennähen und dabei auch mit einigen Stichen am Strickschlauch befestigen (siehe Foto rechts; die Außen- und Innenseiten sowie die Naht wurden zur besseren Unterscheidbarkeit in Kontrastfarben gearbeitet). Wichtig: Rechte und linke Beine werden spiegelverkehrt zusammengesetzt!
Für die Hufe runde Moosgummiplättchen in der jeweiligen Farbe ausschneiden. Mit Wollfaden in Weiß bzw. Anthrazit befestigen und den Huf in U-Form aufsticken.

Ohren (dunkelbraun)
4 Luftmaschen anschlagen und 2 Reihen mit 3 festen Maschen häkeln. In den nächsten beiden Reihen je eine Masche abnehmen. Das zweite Ohr genauso arbeiten.

Fertigstellung
Die beiden Körperhälften zusammennähen und dabei ausstopfen. Beine annähen und Ober-

schenkel dabei leicht mit Watte füllen. Ohren und Augen festnähen. Dunkelbraune Augenlider und weiße Blesse sticken. Nüstern, Maul und Kinn in Anthrazit arbeiten. Die Mähne wird aus 12 cm langen Fäden in Hellbraun angeknüpft. Dabei immer zwei Fäden durch eine Masche ziehen. Nach dem Knüpfen jeden Faden in die Einzelfädchen spalten und vorsichtig (!) mit einem Kamm bearbeiten. Für den Schweif einen langen hellbraunen Faden in großen Schlingen durch eine Masche ziehen und verknoten. Die Schlingen ebenfalls durchtrennen, Fäden unten aufdrehen und kämmen.

Zählmuster Pferd

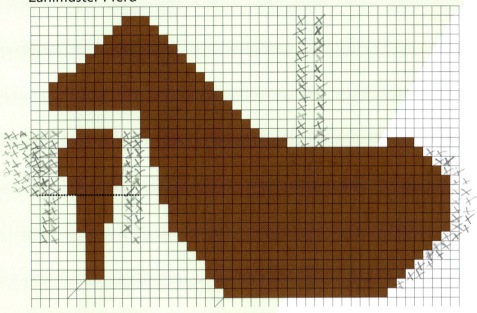

Zählmuster Giraffe

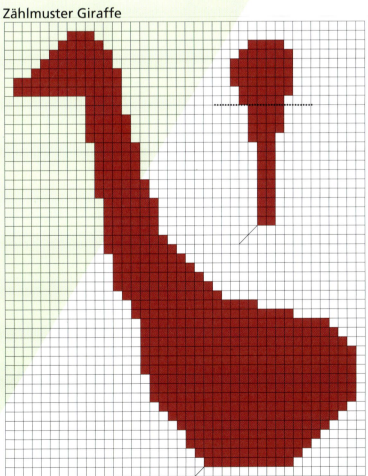

Giraffe

Höhe: 32 cm

Material

- 50 g Wolle, rotbraun
- Wollreste, hellbraun und schwarz
- Häkelnadel Nr. 3,5
- Füllwatte
- Draht
- schwarze Glasaugen, 8 mm Ø
- schwarzer Moosgummi
- Strickliesel mit Häkelnadel Nr. 3

Arbeitsanleitung

Der Giraffenkörper besteht aus zwei in Reihen gehäkelten Hälften mit Wattefüllung. Die Beine werden aus Strickschläuchen und flachen Teilen zusammengesetzt. Das Netzmuster ist aufgestickt.

Körper (rotbraun)
Zwei gleiche Teile nach dem Zählmuster auf Seite 53 häkeln.

Beine (rot- und hellbraun)
Für die Oberschenkel insgesamt achtmal das kleine Zählmuster in Rotbraun häkeln: viermal ganz als Außenseiten und viermal nur bis zur gepunkteten Linie als Innenseiten. Mit der Strickliesel vier hellbraune Schläuche von 13 cm Länge herstellen. Draht einziehen und die Endfäden als Knie- und Fesselgelenke um das Bein wickeln. Für den Unterschenkel 7 cm freilassen und darüber den Oberschenkel legen. Außen- und Innenseiten des Oberschenkels zusammennähen und dabei auch mit einigen Stichen am Strick-

schlauch befestigen (siehe Detailfoto auf Seite 51). Wichtig: Rechte und linke Beine werden spiegelverkehrt zusammengesetzt!
Für die Hufe runde Moosgummiplättchen ausschneiden. Mit schwarzem Wollfaden befestigen und den geteilten Huf in Form einer liegenden Acht sticken.

Ohren (hellbraun)
4 Luftmaschen anschlagen und 2 Reihen mit 3 festen Maschen häkeln. In den nächsten beiden Reihen je eine Masche abnehmen. Das zweite Ohr genauso arbeiten.

Fertigstellung
Die beiden Körperhälften zusammennähen und dabei ausstopfen. Beine annähen und Oberschenkel leicht mit Watte füllen. Ohren und Augen festnähen sowie hellbraune Augenlider aufsticken. Nüstern und Maul in Schwarz arbeiten.
Für die beiden Hörner je vier rotbraune Schlaufen durch eine Masche ziehen. Diese Bündel von unten her 1,5 cm hoch umwickeln und den Faden nach unten zurückführen. Nun die Schlaufen durchtrennen und auf 5 mm stutzen. Die Mähne wird aus 5 cm langen Fäden in Rotbraun angeknüpft. Dabei immer zwei Fäden durch eine Masche ziehen. Nach dem Knüpfen auf 1 cm stutzen.
Der Schwanz wird wie folgt geflochten: Zwei helle und einen dunklen Faden mit drei schwarzen überkreuzen und jeweils doppelt legen. Die braunen Fäden 7 cm lang flechten, verknoten und festnähen. Die schwarzen direkt verknoten, in die Einzelfädchen spalten und mit einem der Fäden zur Quaste zusammenbinden.

Impressum

Das Werk einschließlich aller seiner Teile ist urheberrechtlich geschützt. Jede Verwertung außerhalb des Urhebergesetzes ist ohne Zustimmung des Verlages unzulässig und strafbar. Das gilt insbesondere für Vervielfältigungen, Übersetzungen, Mikroverfilmungen und die Einspeicherung und Verarbeitung in elektronischen Systemen.

Es ist deshalb nicht gestattet, Abbildungen dieses Buches zu scannen, in PCs oder auf CDs zu speichern oder in PCs/Computern zu verändern oder einzeln oder zusammen mit anderen Bildvorlagen zu manipulieren, es sei denn mit schriftlicher Genehmigung des Verlages.

Die im Buch veröffentlichten Ratschläge wurden von Verfasserin und Verlag sorgfältig erarbeitet und geprüft. Eine Garantie kann dennoch nicht übernommen werden. Ebenso ist eine Haftung der Verfasserin bzw. des Verlages und seiner Beauftragten für Personen-, Sach- und Vermögensschäden ausgeschlossen.

Jede gewerbliche Nutzung der Arbeiten und Entwürfe ist nur mit Genehmigung von Verfasserin und Verlag gestattet.

Bei der Anwendung im Unterricht und in Kursen ist auf dieses Buch hinzuweisen.

> Die Deutsche Bibliothek –
> CIP-Einheitsaufnahme
> Ein Titeldatensatz für diese Publikation ist bei
> Der Deutschen Bibliothek erhältlich.

Fotografie: Christian Kargl, München
Lektorat: Margit Bogner
Zählmuster: Petra Körner, Augsburg
Umschlagkonzeption: Kontrapunkt, Kopenhagen
Satz und Layout: KL-Grafik, München
Herstellung und Umschlaglayout:
Charmaine Müller

Augustus Verlag München 2000
© Weltbild Ratgeber Verlage GmbH & Co. KG.

Reproduktion: Mayr Reprotechnik, Donauwörth
Druck und Bindung: Appl, Wemding

Gedruckt auf 115 g umweltfreundlich elementar chlorfrei gebleichtes Papier.

ISBN 3-8043-0856-2

Printed in Germany